NOTICE

SUR LE

PROJET DE CODE DE COMMERCE ITALIEN

ET PLUS SPÉCIALEMENT SUR

LE TITRE SE RAPPORTANT A LA LETTRE DE CHANGE

PAR

CHARLES BROCHER

PROFESSEUR A L'UNIVERSITÉ DE GENÈVE

PARIS

L. LAROSE, LIBRAIRE-ÉDITEUR

22, RUE SOUFFLOT, 22

1879

NOTICE

SUR LE

PROJET DE CODE DE COMMERCE ITALIEN

ET PLUS SPÉCIALEMENT

SUR LE TITRE SE RAPPORTANT A LA LETTRE DE CHANGE

(EXTRAIT DE LA *Nouvelle Revue historique de Droit français et étranger.*)

7041-79. — CORBEIL, imp. de CRÉTÉ.

NOTICE

SUR LE

PROJET DE CODE DE COMMERCE ITALIEN

ET PLUS SPÉCIALEMENT SUR

LE TITRE SE RAPPORTANT A LA LETTRE DE CHANGE

PAR

CHARLES BROCHER

PROFESSEUR A L'UNIVERSITÉ DE GENÈVE

PARIS

L. LAROSE, LIBRAIRE-ÉDITEUR

22, RUE SOUFFLOT, 22

1879

NOTICE

SUR LE

PROJET DE CODE DE COMMERCE ITALIEN

ET PLUS SPÉCIALEMENT

SUR LE TITRE SE RAPPORTANT A LA LETTRE DE CHANGE.

On accorde avec raison, de nos jours, une grande importance au droit commercial. On reconnaît de plus en plus qu'il est revêtu d'un caractère international et que tout changement qui s'y opère sur un point doit nécessairement provoquer un intérêt général. On voudrait voir s'y développer des principes d'unité, ou, tout au moins, voir se fixer, avec précision, les limites de compétence destinées à mettre quelque harmonie dans la diversité des lois.

Cela est tout particulièrement vrai des règles se rapportant à la lettre de change. C'est là que les exigences internationales se font le plus vivement sentir. C'est là, d'ailleurs, une matière essentiellement technique, ne présentant pas d'autre intérêt que celui qui s'attache à un mécanisme sagement organisé et fonctionnant avec précision. L'unité peut, en conséquence, se réaliser ici plus facilement qu'ailleurs. Le besoin s'en fait de plus en plus sentir et chaque changement qui s'opère semble y conduire. Ajoutons que chaque loi nouvelle qui se prépare sur cette matière se trouve nécessairement en face de deux autorités différentes, le droit français et le droit allemand, qui se disputent la prééminence, et que l'avenir dépend de la manière dont cette lutte finira. Ce sont là des faits qui présentent un grand intérêt au double point de vue de l'histoire et de la doctrine.

Il nous a semblé que nous ferions un travail utile en exposant, d'abord, sommairement, les phases par lesquelles a passé l'élaboration de notre projet, pour en faire, ensuite, une étude plus approfondie, en ce qui a trait à la lettre de change.

L'unification politique de l'Italie devait nécessairement amener des changements plus ou moins considérables dans ses lois de droit privé. L'année 1865 y vit surgir un Code civil, un Code de procédure civile et un Code de commerce ; mais, ce dernier dut apparaître, dès l'origine, comme ne constituant qu'une œuvre provisoire. La grande urgence qu'il y avait à procéder, aussi promptement que possible, à l'unification désirée, ne permettait pas de se livrer, quant au droit commercial, au travail considérable qui aurait été nécessaire pour le mettre complètement d'accord avec les nouvelles exigences de la science et du mouvement social, c'est pourquoi la révision dut se renfermer dans des limites fort étroites.

La loi du 2 avril 1865 qui l'ordonna, conférait seulement au gouvernement l'autorisation de publier le Code de commerce albertin, en y introduisant quelques modifications tirées d'anciens documents et spécialement, en ce qui concerne la lettre de change, de la loi du 13 avril 1853, sur ce sujet et des règles exceptionnelles admises, dans l'ancien royaume des Deux-Siciles sur des titres à ordre se rapportant aux denrées (1).

Comme il fallait s'y attendre, les insuffisances de ce premier travail ne tardèrent pas à être signalées. L'un des hommes qui ont le plus puissamment agi sur le développement du droit italien, M. Mancini, proposa et fit admettre par la Chambre des députés, en juin 1869, un ordre du jour tendant à provoquer de nouvelles modifications dans le droit commercial.

Un décret ministériel du 9 septembre, même année, vint satisfaire à ce vœu en instituant une commission chargée d'étudier les perfectionnements dont le Code de 1865 pouvait être susceptible.

Cette commission qui s'occupa très activement de sa tâche,

(1) Voir le décret royal du 25 juin 1865, mis en tête du Code de commerce de la même année.

manifesta le désir que son travail qu'elle qualifiait elle-
même de projet préliminaire, fût soumis à l'examen des
Chambres du commerce, des magistrats et d'autres hommes
compétents, pour voir quels amendements pourraient y être
introduits. Ce désir fut réalisé par circulaires ministérielles
du mois d'octobre 1873, réclamant de pareils avis. Le Minis-
tère ayant été changé dans le courant de l'année 1876, le
nouveau Garde des sceaux, M. Mancini, ne pensa pas devoir
suivre la marche adoptée par son prédécesseur et consistant
à soumettre le projet aux Chambres par lois séparées; il
institua, par décret du 6 octobre 1876, une nouvelle commission chargée d'examiner, avec lui, quels changements les
avis recueillis devaient y faire introduire. Mais l'époque
à laquelle on avait promis de le présenter aux Chambres ne permit pas de soumettre ce travail aux délibéra-
tions de la commission plénière : il fallut se contenter des
avis précédemment fournis et de ceux qu'on obtint de sous-
commissions. S'appuyant sur de tels documents, le Ministre
de la justice, après s'en être concerté avec son collègue du
commerce et de l'agriculture, rédigea un nouveau texte qui
fut présenté au Sénat en juin 1877, sous réserve de publier plus
tard les travaux préparatoires qui étaient alors sous presse.

Ces travaux ont paru en 1878; ils forment un volume de
916 pages grand in-quarto, dont 292 sont consacrées aux lettres de change, aux titres à ordre portant sur denrées et à
ce qu'on appelle assignat de banque, *assegno bancario* (*check*)
ce qui forme les deux chapitres de ce titre. Ce ne sont là
d'ailleurs, fort souvent, que des extraits et une mise en
ordre de documents précédemment publiés par les corps
dont l'avis avait été demandé.

On y trouve un grand nombre de documents utiles; et,
c'est dans la préface qui les précède, que nous avons généralement puisé les renseignements donnés ci-dessus.

Quant au projet lui-même, il contient 912 articles divisés
en quatre livres traitant successivement : 1° du commerce
en général ou, plus exactement peut-être, du droit commun
ou des actes usuels en matière commerciale; 2° du commerce maritime et de la navigation ; 3° de la faillite ; 4° de
l'exercice des actions commerciales et de leur durée.

Le titre X du livre premier traite de la lettre de change et du chèque c'est là ce qui doit nous occuper tout particulièrement dans la présente étude.

Nous avons déjà dit que toute nouvelle loi sur les lettres de change se trouve nécessairement placée en face du droit français et du droit allemand. Le premier s'est acquis, dans le passé, une position fort honorable, l'autre est né sous la pression des nouvelles exigences de la science et de la circulation commerciale. Il faut les mettre en présence l'un de l'autre et rechercher s'il peut convenir de s'arrêter strictement à l'un plutôt qu'à l'autre, s'il n'y aurait pas moyen de les combiner, ou s'il ne conviendrait pas de tracer une voie nouvelle en suivant les directions fournies par l'étude attentive de ce qui s'est fait et de ce qui a été tenté. Il faudrait, pour cela, rechercher avant tout, quelles sont les tendances générales de chacune de ces deux législations (1). Mais cela nous mènerait bien loin si nous voulions procéder systématiquement, avec ordre et méthode. Il est peut-être possible de ramener ce problème à deux questions générales.

1° La lettre de change française s'est-elle suffisamment dégagée des langes dont l'ont entourée les circonstances au milieu desquelles elle a dû se produire?

2° Le droit allemand n'est-il pas tombé dans l'extrême opposé; n'a-t-il pas trop cédé au but théorique lui servant de guide; a-t-il suffisamment tenu compte de la force des choses?

Nous ne perdrons pas ces questions de vue dans l'étude que nous allons faire et pour laquelle nous adoptons l'ordre suivi dans le projet.

Il nous semble convenable de suivre cet ordre, soit pour donner une idée plus exacte des textes, soit pour faciliter le

---

(1) On peut consulter sur cette influence respective et sur l'état général du droit en matière de lettres de change, le bel ouvrage de M. Borchardt, *Vollständige Sammlung der geltenden Wechsel und Handelgesetze aller Länder* (Berlin, 1871). Nous en avons rendu compte dans cette Revue, année 1873, p. 99. Nous croyons pouvoir aussi renvoyer au travail que nous avons publié en 1874, dans la Revue de droit international de Gand, sous le titre d'*Étude sur la lettre de change*. On y retrouve à peu près les mêmes questions qu'ici, traitées d'une manière plus générale et plus dogmatique.

contrôle de ce que nous aurons à dire. Nous nous réservons de revenir, plus tard, sur quelques idées générales.

I. *Caractères essentiels de la lettre de change.* — Le milieu social dans lequel ce genre d'opération dut se produire, ne lui permettait de se développer qu'à la condition de se distinguer nettement du prêt à intérêt que les principes alors en vigueur prohibaient sévèrement. Les facilités qu'il pouvait offrir pour éluder ces règles, conduisaient naturellement à le restreindre en d'étroites limites et à lui imposer des conditions rigoureuses.

Ces circonstances et la nature des besoins les plus urgents auxquels la lettre de change devait satisfaire, la firent apparaître comme moyen et comme preuve d'un échange s'opérant d'une place sur une autre, par une sorte de mandat; il dut s'y mêler une garantie spéciale quant au paiement de la créance plus ou moins éventuelle qui était cédée, et qu'on s'engageait implicitement à créer au besoin.

Les temps ont changé, des principes de liberté se substituent, de plus en plus, aux anciennes restrictions et la lettre de change, dégagée des entraves qui la gênaient, tend à changer de forme et de nature : elle se simplifie, cesse de n'être qu'un auxiliaire et conquiert une importance propre en devenant, par elle-même, un instrument de crédit, un objet spécial de spéculation commerciale.

Ce sont là des conquêtes définitivement acquises. Les articles 245 à 249 du projet sont conformes aux nouveaux principes et n'exigent pas pour la régularité de la lettre de change, qu'il y ait remise d'une place sur une autre. La valeur fournie et la cause de la traite n'ont plus besoin d'être indiquées. Une autre conséquence résulte de ces changements, c'est une sorte d'assimilation entre l'ancienne lettre de change et l'ancien billet à ordre; ces titres ne diffèrent que par l'intervention du tiré dans le premier.

Les dispositions se rapportant à cette rubrique correspondent généralement aux articles 4 à 8 de l'ordonnance allemande et s'écartent beaucoup du Code français.

II. *De l'endossement.* — Les articles 250 à 254 sont manifestement la reproduction plus ou moins identique des articles 9 à 17 de l'ordonnance allemande. L'endossement en blanc vaut transfert du titre et non pas seulement pouvoir d'en opérer le recouvrement, comme en droit français. Il en résulte, en même temps, le droit de le remplir, ce qui constitue une sorte de mandat.

L'article 253 énonce quelques formules qui ont aussi pour conséquence de conférer un mandat qu'il spécifie ; l'ordonnance allemande contient une disposition pareille dans son article 17.

L'endossement d'une lettre de change après l'échéance ne produit que les effets d'une cession ; cette disposition de l'article 254 paraît s'éloigner notablement du sens d'ailleurs assez compliqué de l'ordonnance allemande. On sait qu'en France, cette question non prévue soulève une vive controverse.

Il est permis, contrairement à l'article 110 du Code français et conformément à l'article 9 de l'ordonnance allemande, de déclarer la lettre de change non transmissible par endossement. On se procure, par cette clause, l'avantage de n'être obligé que comme simple cessionnaire en vertu des engagements subséquents.

Ces dispositions paraissent généralement bien entendues et sont, très certainement, en progrès sur le Code français. Nous regrettons, toutefois, qu'on n'ait pas exigé la date pour la régularité de l'endossement en blanc. Il nous semble aussi qu'on gênerait bien peu la facilité des transactions et qu'on fermerait la porte à bien des abus, si l'on exigeait que la nouvelle transmission de la lettre fût datée ; soit qu'on agisse en qualité de mandataire, soit qu'on procède par voie de nouvel endossement à titre de propriétaire, cette date revêt une grande importance.

L'endossement en blanc nous a toujours semblé pouvoir faciliter bien des abus. Nous croyons qu'un mandat conféré directement par endossement écarterait ces dangers tout en conservant les avantages dont ils sont accompagnés.

III. *De l'acceptation*. — Nous mentionnerons spécialement ici l'article 255 du projet qui nous paraît contestable, en une de ses dispositions, tout au moins.

Le porteur d'une lettre de change à vue ou à un certain délai de vue doit la présenter pour acceptation dans le terme d'un an dès sa date, mais il est permis au tireur et à chacun des endosseurs de fixer un terme plus court, Si la lettre de change est tirée d'une place du royaume et payable en un pays étranger avec lequel le commerce s'opère, en tout ou en partie, par mer, le terme est doublé en temps de guerre maritime. Plusieurs questions se présentent ici :

1° Bien que les avis aient été divers à cet égard, il peut convenir, pour plus de simplicité, de substituer un terme unique aux termes fractionnés admis par le Code français; mais est-il prudent de fixer ce délai à une année seulement? L'article 19 de l'ordonnance allemande parle de deux ans.

2° L'article ne permet que de raccourcir le terme, il ne dit rien de la faculté de l'augmenter. A-t-on voulu faire de cette règle une disposition d'ordre public? Ce mode de procéder serait-il suffisamment justifié?

3° L'exception admise en temps de guerre maritime est-elle suffisamment réglementée? Ce qui est dit de l'émission s'appliquera-t-il à l'endossement s'opérant dans une autre localité? Suffira-t-il d'une guerre maritime quelconque, ou faudra-t-il, ce qui semble plus naturel, qu'elle ait lieu sur le parcours ordinaire entre les deux places? Ne tiendra-t-on pas compte de la simple possibilité de voir la guerre s'étendre dans ces parages? La guerre territoriale ne peut-elle pas, d'un moment à l'autre, se propager sur la mer? Ne devrait-elle pas être prise elle-même en considération dans bien des cas?

L'article 262 du projet porte, comme l'article 23 de l'ordonnance allemande, que le tiré n'a pas, contre le tireur, l'action spéciale résultant de la lettre de change.

Cette disposition peut paraître d'une convenance plus ou moins douteuse. Ne devrait-on pas favoriser tout ce qui peut faciliter l'acceptation et le paiement de la lettre? Il n'y a rien dans les nouvelles idées concernant ce genre d'opération qui s'oppose à ce que le tireur soit considéré comme tenu, suivant la rigueur ordinaire de tels engagements, à indemniser le tiré qui a accepté et payé à découvert. N'est-ce pas par le même acte qu'il s'oblige envers les porteurs éventuels et envers le tiré? Est-il bien juste et bien naturel de refuser, dans ce cas, au tiré, une subrogation qu'il peut acquérir en déclarant payer par intervention (articles 264, 294 et 296)? Ne devrait-on pas supposer qu'il entend se faire une position aussi avantageuse que possible?

IV. *De l'aval.* — Ce n'est là qu'un sujet accessoire sur lequel il n'y a pas lieu de s'arrêter. Nous signalerons seulement cette disposition de l'article 269 : si le donneur d'aval n'a pas déclaré pour quelle personne il s'est engagé, il est censé avoir cautionné l'acceptant ou le tireur, si l'acceptation n'a pas encore été donnée. S'il s'agit de billet à ordre, on suppose que l'aval se rapporte au souscripteur.

V. *Duplicata et copies.* — Nous n'avons pas à nous arrêter à cette rubrique. Les dispositions qu'elle contient n'ont rien de bien caractéristique : elles ne sont que des interprétations ou des présomptions plus ou moins rigoureuses, se rapportant à ce sujet. On y trouve consacré le droit de chaque porteur d'exiger de tels duplicata ou copies.

VI. *De l'échéance.* — Les dispositions contenues en cette rubrique n'ont pas d'autre but que de préciser, aussi exactement que possible, les jours d'échéance auxquels il faut s'arrêter dans les différents cas prévus.

VII. *Du paiement.* — Encore ici nous nous trouvons en présence de dispositions de détail et d'exécution. Le Code français se contente de déclarer d'une manière assez vague, article 145, que celui qui paie une lettre de change à son échéance et sans opposition, est présumé valablement libéré. L'ordonnance allemande, article 36, et le projet, article 281, contiennent une réglementation plus précise de ce sujet : ils indiquent par quelle suite d'endossements la propriété du titre doit s'établir, puis ils ajoutent que les endossements sont considérés comme non écrits quand ils sont rayés et que celui qui paie n'est pas tenu d'en vérifier l'authenticité. La première de ces additions nous semble énoncée en termes trop généraux, il faudrait dire : celui qui paie est tenu de considérer les endossements rayés comme non existant. Telle est l'idée qu'on semble avoir voulu exprimer ; la rédaction dépasse la pensée.

VIII. *Du protêt.* — Ce sont encore ici les dispositions de détail qui prédominent. Nous mentionnerons cependant, comme nouveau, contraire à l'article 42 de l'ordonnance allemande, vivement contesté, et susceptible de soulever bien des difficultés internationales, l'article 303 portant qu'on doit considérer comme non écrite la clause *sans protêt, sans frais* ou toute autre dispensant d'un tel acte, insérée par le tireur, le souscripteur ou un endosseur.

Il résulte des articles 299 et suivants que l'on doit faire protester dans le cas même où la lettre de change est perdue, s'il n'existe ni double ni copie, on supplée à la transcription de la lettre en donnant une description précise de celle-ci.

IX. *De la retraite della, rivalsa.* — Il s'agit ici d'une traite à vue au moyen de laquelle le créancier d'une lettre de change réclame le paiement de ce qui lui est dû. L'article 306 règle spécialement la manière dont le rechange doit être réglé dans chacune des hypothèses qu'il prévoit.

X. *Des actions dérivant de la lettre de change.* — L'article 248 porte que pour ressortir les effets spéciaux qui lui sont propres, la lettre de change doit revêtir les caractères énoncés comme lui étant essentiels : elle ne produit, s'il en est autrement, que les effets ordinaires d'un acte civil ou commercial. La présente rubrique est destinée à dire par quels genres d'actions judiciaires l'on peut réclamer ces effets et à quelles conditions il faut se conformer pour conserver le droit d'y recourir et les exercer.

S'il y a défaut d'acceptation régulièrement constaté, le tireur et les endosseurs sont solidairement et respectivement tenus de fournir caution pour le paiement du titre à l'échéance et pour le remboursement des frais.

Il en est de même si, après avoir accepté, le tiré a fait faillite, suspendu ses paiements ou subi une exécution restée sans effets, et s'il est régulièrement prouvé que l'acceptant n'a pas fourni la caution voulue et qu'une autre acceptation ne peut pas être obtenue des personnes indiquées au besoin.

Si c'est le paiement qui est en retard, tous les débiteurs peuvent être actionnés solidairement, ensemble ou séparément, sans que le créancier soit tenu de suivre un ordre déterminé et sans qu'en poursuivant l'un il se prive de ses droits contre les autres. L'action porte sur le capital, les intérêts et les frais justifiés. Les délais accordés pour l'exercer sont diversement fixés suivant les distances.

Les exceptions opposables par le défendeur sont très rigoureusement limitées et réglementées.

Il y a déchéance quant au droit de recourir en garantie, quand on a laissé, sans faire le nécessaire, passer les délais fixés : 1° pour la présentation de la lettre de change payable à vue ou à un certain délai de vue ; 2° pour le protêt manque de paiement ; 3° pour l'exercice de l'action en recours.

Cette déchéance ne prive cependant pas de tout droit : le tireur reste tenu, à concurrence de ce qui formerait pour lui un gain illicite.

On fait l'application de règles analogues à l'accepteur d'une lettre de change et au souscripteur d'un billet à ordre quand il n'a pas été satisfait au prescrit de l'article 310. Cet article porte que si le titre est payable dans un lieu autre que celui de la résidence de l'acceptant ou du souscripteur, et au domicile d'une autre personne, il doit être levé protêt faute de paiement pour conserver les droits contre eux.

Quant à la prescription proprement dite, elle est traitée d'une manière générale pour les affaires commerciales, dans les articles 901 et suivants. Elle est, en principe, de cinq ans en matière de lettre de change, de billets à ordre et de chèques, article 905.

XI. *Des lettres de change portant des signatures de personnes incapables ou des signatures fausses ou falsifiées.* — On rencontre, sous cette rubrique tout un monde de difficultés sur lesquelles le Code français garde le silence et que tant l'ordonnance allemande que le projet ont eu la prétention de résoudre en quelques mots. Ils l'ont fait dans un sens favorable au porteur, ce qui semble généralement conforme aux exigences de ce genre d'acte et aux nouvelles idées qu'on s'en est formées.

Outre la rubrique transcrite ci-dessus, le projet ne renferme que deux articles ainsi conçus :

« Article 321. La lettre de change revêtue de signatures émanant de personnes incapables est valable (*efficace*) à l'égard des personnes capables qui l'ont signée (*sottoscrissero*).

La même règle s'applique au cas où la même lettre de change porte des signatures fausses et des signatures vraies.

« Article 322. Ceux qui ont endossé, cautionné ou accepté

une lettre de change fausse, sont obligés envers le porteur, comme s'ils avaient endossé, cautionné ou accepté une lettre de change vraie. »

Tout cela paraît bien succinct et formulé en termes bien absolus. On se demande si le bénéfice de ces dispositions pourra être invoqué par les personnes incapables ou par le porteur coupable lui-même du faux ou seulement de négligence ou de mauvaise foi. L'article 318, qui limite et réglemente les exceptions admissibles en cette matière, ne paraît pas s'exprimer avec la clarté qui serait désirable pour limiter et réglementer, avec la précision voulue, le sens des textes que nous venons de citer. Les garanties qu'il accorde sont d'ailleurs bien restreintes, comme nous le verrons plus loin.

Il faut le dire ouvertement : il y a ici deux mondes en présence, l'un exceptionnel et technique, inventé et créé artificiellement en vue d'obtenir un certain résultat jugé nécessaire, l'autre s'appuyant sur la vérité vraie, sur les faits effectifs et sur le droit naturel. Si d'impérieuses nécessités économiques ou sociales exigent que le premier de ces mondes empiète quelquefois sur le second, ce ne doit être qu'en des limites nettement circonscrites, et en restituant au second tout son empire dès le moment où cela est possible.

Qu'on ordonne, s'il le faut, un paiement provisionnel pour satisfaire aux exigences exceptionnelles de la lettre de change, cela peut se comprendre ; mais il faut, tout au moins, que plus tard, procédant avec calme et circonspection, l'on puisse faire à chacun la part qui lui revient réellement, dans cette grande complication de droits et d'intérêts. Cela doit être dit aussi clairement que possible.

XII. *Des lettres de change perdues.* — La grande rigueur avec laquelle la lettre de change doit être payée, la parcimonie avec laquelle sont accordées et réglementées les exceptions qu'on peut lui opposer, les dispositions relatives à l'endossement en blanc et les règles admises en cas de faux, donnent une gravité exceptionnelle à la perte d'une lettre de change. Il y a là des intérêts divers qui peuvent être compromis et qu'il s'agit de sauvegarder. Telles sont les exigences auxquelles cette rubrique doit satisfaire.

Il y a là toute une procédure qui tend à faire déclarer la lettre de change inefficace ou sans valeur au regard de tout porteur qui n'établirait pas ses droits dans un délai fixé, ce qui a pour conséquence le paiement du titre en mains de qui s'en justifie propriétaire.

XIII. *Du titre à ordre portant sur denrées (Dell'ordine in derrate)*. — C'est là un sujet emprunté, comme nous l'avons déjà vu, au droit ancien des Deux-Siciles, et qui mérite peut-être d'être étudié avec soin.

D'après les discussions qui ont eu lieu dans les travaux préparatoires du Code de 1865 et du présent projet, ces dispositions doivent s'appliquer aux produits de la terre par opposition aux marchandises proprement dites.

« Dans les pays agricoles, dit M. Vidari (1), ce genre d'opération peut rendre de grands services, puisqu'il peut servir à échanger, pour ainsi dire, les denrées contre de l'argent ou d'autres valeurs, il en naît un nouveau titre de crédit propre à faciliter le mouvement des affaires. Par ce moyen, on escompte, en quelque sorte, l'espérance des récoltes à venir. » Le même auteur indique plus loin ce qui distingue ce titre du warrant. « Le warrant cherche le crédit en s'appuyant sur l'existence effective de la marchandise et sur son dépôt effectif dans les magasins publics ou dans les docks. L'ordre en denrées, bien au contraire, s'appuie sur la promesse d'une consignation future de valeurs qui peuvent ne pas exister encore. »

« Ce titre est une lettre de change, dit l'article 327. Il est régi par les dispositions du présent chapitre, sauf les modifications énumérées plus loin. »

Outre l'indication de sa nature, il faut y énoncer l'espèce, la qualité et la quantité des denrées à consigner et le temps pendant lequel cette consignation doit se faire.

Le chapitre II de ce titre réglemente, ainsi que nous l'avons dit, ce qui tient aux assignats de banque ou chèques. C'est un sujet sur lequel nous n'avons pas à nous arrêter.

Le titre suppose des valeurs disponibles dans une banque ou chez une personne quelconque. Il peut être payable au

____

(1) La *lettera di cambio* (1869), p. 667.

porteur ou à une personne déterminée, à vue ou à terme ne dépassant pas dix jours depuis la présentation. Il peut être transmis par endossement, même en blanc. Toutes les dispositions concernant l'endossement, l'aval, l'échéance et le paiement de la lettre de change lui sont applicables ainsi que les règles admises en cas de perte, de même qu'au sujet de l'action qu'il faut intenter contre le souscripteur et les endosseurs.

Nous voici arrivé à la fin de ce travail qui nous semble donner une idée suffisante du projet dont nous avons suivi l'ordre d'une manière rigoureuse, en ce qui a trait à la lettre de change. On peut se demander s'il n'y a pas là quelques lacunes qu'il serait bon de combler.

Disons, d'abord, que l'article 1ᵉʳ du projet général énonce, comme principe, qu'en l'absence de toute disposition des lois spéciales au commerce, on observe les usages commerciaux, et, qu'à défaut de tels usages, on applique le droit civil. Il est ajouté que les usages locaux prévalent sur ceux qui sont généraux. La question revient donc à demander si l'on a omis quelques dispositions spéciales nécessaires ou convenables.

En parcourant les travaux préparatoires, nous avons vu que l'on a regretté l'absence de dispositions se rapportant au droit international. Cette observation nous paraît fondée.

Sans doute, il convient de s'écarter le moins possible des principes du droit commun, et l'on peut ajouter que le Code civil italien a posé généralement avec une grande netteté les règles appelées à régir les rapports internationaux. Mais on se demande si la lettre de change ne réclame pas quelques dispositions spéciales. Ne pourrait-on pas admettre, avec l'article 84 de l'ordonnance allemande, que l'étranger, même incapable suivant la loi de son pays, sera tenu des engagements de change contractés par lui sur le territoire, si de tels engagements n'excèdent pas les règles de capacité personnelle fixées pour les nationaux ? N'y a-t-il pas là des considérations d'ordre public dispensant de l'application des règles ordinaires ?

On peut également se demander s'il ne conviendrait pas de faciliter, par quelques dispositions réglementaires, la solution des nombreuses difficultés soulevées par la présence de lettres de change revêtues d'engagements souscrits en pays différents et portant ainsi l'empreinte de plusieurs législations. L'harmonie sera-t-elle toujours facile à réaliser entre tant d'éléments se rattachant à une origine commune, à une fin commune, et devant, presque nécessairement, avoir quelque influence les uns sur les autres ?

Sans doute, on dit souvent avec raison, que les questions par trop difficiles doivent être abandonnées à la doctrine ; mais on se demande si un tel principe est applicable à la lettre de change où l'insécurité et le doute sont, tout particulièrement, un grand mal. On se demande également, s'il ne conviendrait pas, en un tel sujet, de trancher un peu dans le vif et de s'écarter, s'il le faut, quelque peu des principes, pour arriver plus facilement à une solution bien certaine et bien précise.

On aura probablement remarqué l'absence d'une rubrique spécialement consacrée au billet à ordre. Cette circonstance tient à la sorte d'assimilation dont nous avons déjà parlé. Nous croyons, toutefois, que, ne fût-ce que pour faciliter la transition du droit ancien au droit nouveau, une telle rubrique eût été de quelque utilité. Nous avouons même, qu'en comparant le Code de 1865 avec le projet, nous hésitons sur la question de savoir si les ordres sur denrées peuvent être tirés d'une place sur une autre ; il nous semble, toutefois, qu'il n'y a pas d'obstacle à cela.

Nous terminerons ce travail en ajoutant quelques mots à ce que nous avons dit au sujet de l'antagonisme existant entre le droit français et le droit allemand. Il est manifeste, d'après ce qui précède, que c'est ce dernier que le projet italien a pris comme base. Nous n'hésitons pas à le dire : il y a là progrès et tendance à l'unité ; c'est bien certainement au droit allemand que l'avenir appartient. Est-ce à dire, toutefois, que tout y soit perfection ? Nous n'oserions pas l'affirmer, nous croyons que là aussi se rencontrent quelques écueils dont il n'est pas superflu de signaler les dangers.

Il est rare qu'on ne se jette pas d'un extrême dans l'autre : le droit allemand a eu raison de se dégager des entraves que les circonstances avaient imposées à la lettre de change ; mais on se demande s'il ne s'est pas trop librement lancé dans les hautes sphères de la pure théorie, s'il n'a pas trop perdu terre et s'il a suffisamment respecté les exigences de la force des choses. On a raison de dire que la lettre de change doit être considérée comme un instrument de crédit ; mais on est allé plus loin, on a trop voulu, suivant nous, l'assimiler à la monnaie et l'on s'est engagé, pour cela, dans des tendances plus ou moins dangereuses. C'est là, croyons-nous, qu'il faut généralement chercher la source des rigueurs déployées en cette matière, soit envers le défendeur actionné auquel on permet à peine de se défendre, sauf à lui accorder quelques réserves ou quelques garanties qui ne peuvent jamais produire une sécurité complète (1) ; soit envers le porteur auquel on impose certaines formalités au sujet desquelles on tend à lui refuser la dispense ou les termes que des événements de force majeure sembleraient justifier. Nous ne pouvons pas nous empêcher de croire que ces rigueurs sont exagérées. Elles peuvent, il est vrai, créer un certain ordre extérieur ; mais elles donnent ouverture à des chances aléatoires qui peuvent avoir pour résultat d'empêcher de recourir à un tel moyen de crédit.

Encore quelques mots et nous aurons fini : la Suisse aussi prépare un projet sur la lettre de change. Faisant partie de la Commission chargée de l'élaborer, nous avons eu souvent la tentation de le faire intervenir dans cette étude.

---

(1) Voici ce qu'on lit dans l'article 318 du projet : Le débiteur poursuivi ne peut opposer que les exceptions tirées de la forme du titre ou du défaut des conditions nécessaires à l'exercice de l'action et les exceptions personnelles à celui qui agit. Cependant ces exceptions personnelles ne peuvent retarder l'exécution ou la condamnation, si elles ne sont pas liquides ou de prompte solution et, en tous cas, justifiées par une preuve écrite ; si les exceptions réclament un plus long examen, la discussion en est renvoyée à la suite du procès, *in prosecuzione del giudizio*, et, en attendant, a lieu l'exécution ou la condamnation au paiement, avec ou sans caution suivant ce que la prudence du juge trouve convenable.

L'article 82 de l'ordonnance allemande porte que le défendeur ne peut faire valoir que les exceptions qui dérivent du droit de change ou qui lui sont directement accordées contre la personne qui le poursuit actuellement, *oder ihm unmittelbar gegen den jedesmaligen Kläger zustehen.*

Il aurait pu y avoir là quelque utilité; mais nous avons voulu éviter toute apparence d'indiscrétion; c'est un sujet que nous nous réservons d'aborder plus tard, quand de tels scrupules sembleront devoir être complètement écartés.

7041-79. — Corbeil, typ. Crété.